EIN SCHNABEL VOLL FÜR HOPPALA...

Text von Mira Lobe
Bilder von Susi Weigel

Jungbrunnen

Der kleine Pinguin ist erst heute Morgen aus dem Ei geschlüpft:
ein rundes, daunenweiches Küken, silbergrau und flauschig.
Sein Vater stopft ihm gleich etwas Baby-Brei in den Schnabel.
Der Kleine steckt in der kuschelig-warmen Bauchfaltentasche
zwischen Papas Füßen und hat es gut.
„Wo ist meine Mama?", piepst er.
„Sie kommt bald. Sie bringt dir frischen Krill vom Meer mit."
(Krill ist ein Mischmasch aus winzigen roten Krebsen.)
Der kleine Pinguin steckt den Schnabel heraus.
„Bleib drin!", sagt sein Papa. „Sonst erfrierst du.
Außerdem sind Skuas in der Luft …"
Was eine Skua ist, das weiß der kleine Pinguin.
Das hat er schon immer gewusst, schon als er noch im Ei war:
Die Skuas sind Raubmöwen und Feinde. Sie kreisen am
dämmrigen Himmel, sie kreischen gierig, und der kleine Pinguin
fürchtet sich. Trotzdem steckt er wieder den Schnabel aus der Tasche.

Ringsum wimmeln und watscheln Tausende Pinguine. Sie krächzen und krakeelen, sie zetern und zanken, sie machen einen solchen Krach, dass der kleine Pinguin das eigene Piepsen nicht hört.
Sein Vater hebt plötzlich den Kopf und trompetet laut.
Ein Ruf von weit weg: „Wo bist du?"
„Hörst du?", fragt der Papa. „Deine Mutter kommt!"
In all dem Riesenradau aus tausenden Pinguin-Schnäbeln erkennen sich die Eltern an den Stimmen.
„Mama!", piepst der Kleine aufgeregt, „hier sind wir …!"
Die Mutter bahnt sich den Weg durchs Gedränge, und der kleine Pinguin schaut zu, wie Mama und Papa sich liebevoll begrüßen.
Sie stehen Brust an Brust, heben die Schnäbel zum Himmel, klappen mit den Flügeln und trompeten ihr Wiedersehensglück.
Dem kleinen Pinguin dauert das zu lange.

„Mama, ich hab Hunger!"
„Gleich, Söhnchen!" Sie holt ihn aus Papas Tasche in ihre eigene.
„Wie lieb er ist! Und wie hübsch!"
„Hunger!", piepst der kleine Pinguin.
Die Mutter gurgelt eine Portion frischen Krill aus dem Schlund.
Der Kleine steckt seinen winzigen Schnabel in ihren großen
und schmatzt und schmaust und schluckt.
Dann macht er es sich in der neuen Tasche gemütlich und hört seinen Eltern zu.
„Höchste Zeit, dass ich dich ablöse …", sagt die Mutter. „Mach dich nur gleich
auf den Weg, mein Lieber! Schönen Urlaub und viel Vergnügen!"
„Dir auch viel Vergnügen mit dem Söhnchen! Gib acht, er ist neugierig
und hat dauernd den Schnabel draußen …"
„Das macht nichts, wenn er nur sonst so wird wie du!"
Sie schmiegt den Kopf an seinen Hals.
„Und wie du!"

Er knabbert zärtlich an ihren Federn.
„Leb wohl, meine Liebe! Tschau!"
Der Papa watschelt davon.
„Blaues Meer und viel Krill!", ruft die Mama ihm nach.
„Und dass du dir einen ordentlichen Fettpolster anfrisst! Tschau!"

Dem kleinen Pinguin gefällt es, dass sich die zwei so lieb haben.
Wenn ich erst groß bin, denkt er, und ein Nest habe, und ein Ei und eine Frau,
dann mache ich das genauso! – Bestimmt!
(Übrigens haben Pinguine kein richtiges Nest; sie wohnen am Südpol,
dort ist es kalt und kahl; es gibt nur Schnee und Eis und Fels und Geröll.)

Über die Pinguin-Kolonie braust der Schneesturm. Er heult und saust,
er jagt Wolken von Schnee und Eiskörnern vor sich her. –
Die Pinguine rücken dicht zusammen; sie legen die Flügel an
und stehen unbeweglich mit dem Rücken zum Sturm.
Der Sturm dauert eine Nacht, einen Tag und wieder eine Nacht.
Dem kleinen Pinguin macht das nichts aus.
Er sitzt behütet in Mamas warmer Bauchtasche und hat es gut.

Der Kleine wächst schnell. Schon hat er seinen Silberflausch
gegen ein zottig-braunes Wollkleid eingetauscht.
„Ich bin kein Baby mehr!", sagt er stolz.
„Aber immer noch ein Küken", sagt seine Mama. „Und zu klein,
um auf eigenen Füßen zu stehen!"
Deshalb steht er auf Mamas Füßen und lässt sich in der Kolonie spazieren tragen.
Überall wuseln und wackeln braune Pinguin-Kinder umher. Sie trauen sich
ein paar Schritte von der Mutter fort, kriegen einen Schreck, rennen zurück,
verkriechen sich in den Taschen, krabbeln aber bald wieder heraus
und watscheln auf neue Entdeckungen. –

Der kleine Pinguin freundet sich mit den Nachbarskindern an.
Sie krächzen und kreischen, sie schubsen und stupsen, sie streiten
und vertragen sich wieder.

Sie spielen:

Zeigt her eure Füße,
zeigt her eure Zehn,
zeigt her eure Schwimmhaut –
die wolln wir gerne sehn.

Und was spielen sie noch?

Wer am schnellsten watscheln kann.
Wer schon auf dem Bauch rodeln kann.
Wer am lautesten „Tschau!" trompeten kann.

Einmal erlebt der kleine Pinguin etwas Schlimmes.
Ein fremdes Kind stolpert vorbei, ruft nach seinen Eltern, klagt und jammert.
Es hat sich verlaufen; es sucht verzweifelt und findet nicht mehr heim.
Der kleine Pinguin schaut ihm nach, wie es vor Erschöpfung hinfällt,
wie es sich wieder aufrappelt und weiterstolpert.
Und keiner kümmert sich um das Kind.
Der kleine Pinguin läuft zu seiner Mutter.
„Da kann man nichts machen! Um fremde Kinder kümmern wir uns nicht."
„Aber Mama …!"
Der kleine Pinguin fängt fast an zu weinen. „Was wird jetzt aus ihm?"
„Nichts. Ein Räuber holt es sich. Die Skuas warten auf solche verirrte Kinder.
Denk nicht mehr daran. Vergiss es, Söhnchen!"
Aber der kleine Pinguin kann es nicht vergessen; mitten im lustigsten Spiel muss
er daran denken und wird traurig.

Am nächsten Tag kommt der Vater zurück, dick und rund,
mit glänzendem Gefieder und guter Laune.
Er füttert den Kleinen mit frischem Krill.
Der Krill schmeckt stark nach Meer und ganz wenig nach Papa.
„Du bist groß geworden, Söhnchen! Bald werden wir dich
in die Krippe bringen."
„Was für eine Krippe?", fragt der kleine Pinguin. „Wird es mir dort gefallen?
Kommen da auch andere Kinder hin? Und wer wird mich füttern?
Und wer wird auf mich aufpassen …?"
„Du fragst so viel auf einmal", sagt der Vater.
Die Mutter streicht ihm die braunen Wollzotteln glatt.
„Füttern werden *wir* dich, Söhnchen, und viel mehr Zeit haben zum Fischen,
weil dann die Tanten auf dich achtgeben …"
„Was für Tanten?", fragt der kleine Pinguin.
Der Vater schimpft: „Dieses Söhnchen fragt noch Löcher ins Eis!"
„Er soll nur fragen!", sagt die Mutter. „Wer nicht fragt, der bleibt dumm."

Der kleine Pinguin will nicht dumm bleiben. Er guckt hinauf,
wo am Himmel die Skuas kreisen.
„Also gut, dann frage ich: Warum kann ich das nicht auch wie die da oben?"
„Weil du ein Pinguin bist! Weil Pinguine nicht fliegen: Pinguine schwimmen."
Der Kleine sträubt die Zotteln und klappt die kurzen Flügel auf und ab:
„Wozu haben wir dann diese dummen Stummeldinger?"
Der Vater fährt ihm über den Schnabel. „Das sind keine dummen Dinger!
Das sind Flossen! Wart nur, bis du dir deinen Krill selber fischen musst.
Dann wirst du schon merken, wie praktisch solche Flossen sind …"
„Aber …", sagt der kleine Pinguin.
„Kein Aber! Hör auf zu murren und zu meutern, du Querkopf.
Sonst setzt es noch einen Schnabelhieb …"
Die Mama stupst den Kleinen in die Seite und besänftigt den erbosten Vater:
„Es wird Zeit, dass wir dem Söhnchen die alte Geschichte erzählen!"
„Was für eine Geschichte?", fragt der kleine Pinguin.
„Unsre uralte Geschichte, die alle Pinguin-Eltern
allen Pinguin-Kindern erzählen, wenn sie fragen,
warum sie Flügel haben und doch nicht fliegen können."

Die Geschichte geht so:
In uralten Zeiten waren die Pinguine
und die Skuas Freunde.
Sie spielten zusammen.
Sie saßen miteinander auf den
Eisschollen; sie ließen sich treiben
und von den Wellen wiegen;
sie schwatzten und schnäbelten
und fischten zusammen;
sie flatterten über das weiße Land
und das grüne Meer.
Die Pinguine konnten fliegen –
aber nicht sehr hoch.
Die Pinguine konnten schwimmen –
aber nicht sehr schnell.
Sie konnten tauchen –
aber nicht sehr tief.

– Eines Tages fiel es einer Skua ein,
sich großzutun vor ihrem Freund.
„Ich kann viel besser fliegen als du!",
prahlte sie. „Viel weiter
und viel schneller und viel höher."
„Gar nicht wahr!", sagte der Pinguin
und kränkte sich.
„Doch wahr!
Ihr Pinguine seid Tollpatsche
und Plumpsäcke
und könnt euch mit uns Möwen
nicht messen.
Wollen wir wetten?"
Der Pinguin kränkte sich immer mehr.
„Also gut", sagte er. „Wetten wir."
Er breitete die Flügel aus
und stieg auf; sah sich nicht um,
schaute nicht links,
schaute nicht rechts,
flog geradewegs auf die Sonne zu.

Immer wärmer wurde ihm.
Er flog trotzdem weiter.
Näher und näher der Sonne zu.
Immer heißer wurde ihm.
Er flog trotzdem weiter.
Das gewaltige Licht blendete ihn.
Er machte die Augen zu
und flog trotzdem weiter.
Bis er der Sonne so nahe kam,
dass sie seine Flügel verbrannte.
Wie ein Stein
stürzte er hinunter ins Meer.
Hilflos schlug er mit den
verstümmelten Flügeln
und grämte sich und schämte sich.
Er grämte sich,
weil er nun nie mehr fliegen konnte.
Er schämte sich,
weil er die Wette verloren hatte.
Er war so unglücklich
wie noch nie.
Das Beste wird sein, dachte er,
wenn ein Seeleopard kommt
und mich auffrisst.
Da merkte er auf einmal,
dass er mit seinen Stummeln
viel besser schwimmen konnte
als bisher.
Viel schneller als alle Skuas
der Welt.
Auch Krill fischen und tauchen
konnte er viel besser als bisher.
Viel tiefer als alle Skuas der Welt.
Da grämte er sich nicht mehr
und schämte sich nicht mehr,
da war er zufrieden
mit seinen kurzen Flügeln
und stolz darauf,
ein Pinguin zu sein.

Die Krippe liegt näher zum Meer hin. Der Felsboden ist hart gefroren,
in den Mulden liegt Schnee. Jeden Tag kommen neue Pinguin-Kinder.
Alle haben braune Wollpelze, alle wuseln und watscheln durcheinander,
alle tragen den Schnabel hoch und machen einen Riesenradau.
Sie piepsen schon lange nicht mehr; ihre Stimmen sind rau und heiser;
sie zetern und zanken, sie schubsen und schimpfen.
Die Tanten haben viel zu tun: Sie müssen die Skuas und Sturmvögel
vertreiben, sie müssen aufpassen,
dass alle Kinder zusammenbleiben und keines davonläuft.

Sie müssen dafür sorgen, dass keines das andere an den Zotteln zieht,
und die Raufbolde auseinander bringen.
Sie müssen immer wieder Streit schlichten.
„Geh weg hier! Hier bin ich!", schreit ein Pinguin-Kind,
und peckt auf das zweite los.
Der kleine Pinguin erobert sich gleich am Anfang einen Platz
mitten in der Krippe. Wie ein Wilder stürmt er darauf zu und wirft dabei
ein anderes Kind um.
„Hoppala!", sagt das Kind.
Es ist etwas kleiner als er und ein Mädchen, wie er gleich merkt. ‚Hoppala' – :
das findet er freundlich; sie hätte ja auch ein großes Geschrei machen können
und ihn bei den Tanten vertratschen.
„Bist du immer so stürmisch?", fragt sie.
„Manchmal. Sagst du immer Hoppala, wenn dir einer auf die Füße tritt?"
Um den Schnabel herum hat sie so was Liebes, Lustiges, und das gefällt ihm.
„Ich werde dich Hoppala nennen. Hast du was dagegen?"
Hat sie nicht.
Die beiden werden Freunde. Sie wissen selbst nicht,
wie das so schnell kommt. Sie plaudern und schwatzen
und haben lauter wichtige Dinge zu bekrächzen:
Wie lange sie schon nicht mehr in die Bauchtasche passen …
Und wie das sein wird, wenn unter ihrem braunen Wollpelz
die ersten richtigen Pinguinfedern wachsen …
„Juckt es dich schon, Hoppala?" –
„Nein. Noch nicht.
Und dich?" –
„Auch noch nicht!"
Vom Rand der Klippe kommt ein Lockruf: „Wo bist du? Söhnchen!"
„Hier bin ich!", ruft der kleine Pinguin.
Und zu seiner Freundin Hoppala:
„Mein Vater kommt mich füttern."
Er ist schon im Losrennen,
da hört er ein Schluchzen.
Erschrocken dreht er sich um:
Hoppala lässt den Kopf hängen.

Ganz armselig hockt sie da und legt die Flügel an.
„Hast du was?", fragt der kleine Pinguin.
„Ich hab nur noch meine Mama …", sagt sie. „Mein Papa kommt nicht mehr."
„Warum nicht?"
„Das weiß ich nicht. Die Mama hat gesagt: Er kommt nicht mehr.
Sie hat mich allein gefüttert bis gestern. Aber seit gestern
kommt auch die Mama nicht mehr …"
Der kleine Pinguin bekommt einen Schreck.
„Dann hast du heute noch gar kein Frühstück gehabt?
Dann bringt dir keiner was? Dann bist du jetzt ganz allein?"
„Mir ist schon ganz schwach vor Hunger …", wimmert sie.
Von weit her kommt wieder der Ruf: „Wo bist du?"
„Hier bin ich!"
Hoppala hat den Schnabel in der Brustwolle vergraben.
Der kleine Pinguin zupft zart an ihren Zotteln. „Warte hier auf mich.
Ich bin bald wieder da. Und dann denken wir uns was aus für dich …"
Er jagt durch das Gewühl und Gedränge und lässt sich
von seinem Papa füttern. Aber es schmeckt ihm nicht so wie sonst.
Als er zurückkommt, ist Hoppala nicht mehr da.
Der kleine Pinguin fragt die anderen Kinder: „Wisst ihr, wo sie hingelaufen ist?"
Niemand weiß es.
Der kleine Pinguin macht sich auf die Suche. Kreuz und quer
läuft er zwischen den Braunpelzen herum, guckt in jede Felsspalte,
sucht hinter jedem Stein.

Endlich findet er sie. Zitternd hockt sie in einer Mulde,
hat den Kopf eingezogen und die Augen zu.
Ach du Schneesturmschreck!
„Was machst du hier, Hoppala? Warum bist du fortgelaufen?"
„Ich hab so Hunger. Ich hab betteln wollen. Aber die fremden Eltern
geben mir nichts. Sie jagen mich weg."
„Ich weiß …", sagt der kleine Pinguin. „Trotzdem darfst du nicht fortlaufen.
Weißt du, was mit Kindern passiert, die allein herumlaufen?"
Der kleine Pinguin hat den Bauch voll mit Papas frischem Krill.
Mit aller Kraft probiert er, sein Futter hochzuwürgen, aber es gelingt ihm nicht;
er ist noch zu klein. Das können erst die Großen.
„Hör auf zu zittern, Hoppala!" Er rückt nahe, damit sie etwas
von seiner Wärme abkriegt. „Wenn mich nachher meine Mutter ruft,
dann kommst du mit."
„Aber sie gibt mir nichts. Sie jagt mich weg, wie die andern."

„Wenn du dich versteckst, dann sieht sie dich nicht. Hinter einem Felsen
oder so. Wir finden schon was. Ich behalte meinen Krill im Schnabel
und bring ihn dir."
„Das tu ich nicht. Glaubst du, ich nehm dir dein Futter weg?"
„Nur das halbe. Ein Schnabel voll Krill für mich, ein Schnabel voll Krill für dich."
Er bringt sie an ihren Platz in der Krippe zurück; er hilft ihr, wenn sie stolpert;
hebt sie auf, als sie hinfällt; er schaut besorgt zum Himmel hinauf,
ob die Skuas kommen.

Als später die Mutter „Wo bist du?" ruft und er sein „Hier bin ich!" erwidert,
schleppt sich Hoppala hinter ihm her und verkriecht sich hinter einen Felsblock.
„Wo bleibst du so lange?", fragt die Mutter. „Hast du denn keinen Hunger?"
„O doch, Hunger für zwei!"
Der kleine Pinguin verschlingt die erste Portion.
Die zweite behält er im Schnabel, dreht den Kopf hin und her,
würgt und druckst, als hätte er einen Stein am Hals.
Dann rennt er zu dem Felsblock, stopft Hoppalas aufgesperrten Schnabel voll
und rennt zu seiner Mutter zurück.
„Was ist los mit dir?", fragt sie. „Kannst du nicht schlucken?"
„O doch."

Er verschlingt die nächste Portion.
Mit der übernächsten rennt er wieder in Hoppalas Versteck.
So geht das eine Weile her und hin, bis die Mutter nichts mehr für ihn hat.
Da erhebt er ein schrilles Geschrei, zetert laut, dass er noch lange
nicht genug hat, und ist kein lustiges Söhnchen mehr, sondern ein lästiges.

Der kleine Pinguin holt Hoppala aus dem Versteck ab.
„Bist du satt geworden?", fragt sie schüchtern und wünscht sich,
dass er ja sagt.
„Nein!", sagt er. „Du etwa?"
„Ein bisschen. Ich bin grad nicht mehr zum Stolpern hungrig. Danke schön."
„Hör auf mit dem Danke. Oder fang erst gar nicht damit an.
Das machen wir jetzt immer so."
In der nächsten Zeit braucht der kleine Pinguin viel List und Geschick,
damit seine Eltern nicht merken, dass sie zwei Kinder füttern statt einem. –

Und dann kommen Tage, da werden die Pinguine
von einer seltsamen Unruhe gepackt.
Es juckt und kribbelt unter der braunen Wolle,
die Zotteln fallen in Büscheln aus, schwarz und schimmernd
kommen die neuen Federn zum Vorschein. Eine aufregende Zeit!
Wie schön sie aussehen in ihrem frischen Gefieder, wie schmuck
und stark sie sind: seidig schwarz von Kopf bis Fuß mit weißer Brust.

Die Unruhe wird immer größer, keiner kann mehr stillhalten,
keiner mag mehr bleiben, wo er ist; mit Gewalt zieht es sie zum Meer.
In langer Reihe wandern sie zur Küste, einer dicht hinter dem andern.
Sie krächzen und krakeelen, und wem es zu langsam geht,
der rodelt auf dem Bauch an den Watschlern vorbei
und stößt sich mit den Flügeln ab.
Der kleine Pinguin ist einer der Ersten am steilen Ufer.
Er hat Hoppala aus den Augen verloren.
Hinter ihm drängen und stoßen alle, die nach ihm kommen.
Immer mehr werden es, immer dichter wird das Gewühl,
immer lauter das Geschrei.

Bis der kleine Pinguin – Kopf voran – mit einem tollkühnen Sprung
ins Wasser platscht.
Oh – wie gut das tut! Wie wunderbar die glasklaren grünen Wellen sind!
Wie herrlich es sich schwimmt!
Den kleinen Pinguin packt der Übermut. Er springt hoch in die Luft,
er macht Kunststücke, er rudert mit den Flügelflossen,
er steuert mit dem Schwanz.
Unter Wasser entdeckt er eine schwebende Wolke aus Krill.
Er fährt mit dem Schnabel hinein und lässt es sich schmecken.

Noch jemand hat die Wolke entdeckt. Noch jemand zupft daran
und lässt es sich schmecken …
„Hoppala! Bist du's?"
Es ist seine alte Hoppala, aber sie gefällt ihm ganz neu.
„Du hast so was Liebes, Lustiges um den Schnabel …", sagt er.
Und sie: „Du auch. Wie findest du den Krill?"
Und er: „Den Krill finde ich prima.
Und wenn wir zwei so gleiche Schnäbel haben,
dann sollten wir vielleicht zusammenbleiben, was meinst du?"

Und sie: „Ja, das sollten wir wohl."
Er schwimmt ganz nahe heran und stupst sie zärtlich in die Seite.
Sie stupst ihn zärtlich zurück.
Ein paar Tage bleiben sie noch im Meer
und sind das verliebteste Pinguinpaar, das jemals am Südpol zu finden war.

Dann nimmt der kleine Pinguin Abschied:
„Tschau, meine Liebe! Ich gehe an Land und baue uns ein Nest."
Er hat einen weiten und mühsamen Weg. Über Klippen und Klüfte,
über Fels und Geröll, bis hinauf zu den steinigen Nistplätzen der Pinguine.
„Tschau!", ruft Hoppala. „Ich freu mich auf unser Nest."
„Und auf unser Ei!", sagt der kleine Pinguin.
„Und auf unsere *zwei* Eier!", verbessert sie ihn. „Ich hätte nämlich gern zwei,
wenn du nichts dagegen hast."
Hat er nicht.
Er wird die beiden Eier behüten und bebrüten …
Und wenn die Küken groß genug sind,
wird er ihnen die uralte Geschichte erzählen, so wie sie ihm vor langer Zeit
seine Eltern erzählt haben …
Plötzlich fällt ihm noch etwas ein. Etwas Wichtiges.
„Aber was ist, wenn ein Küken stärker ist als das andere?
Wenn es sich vordrängt und keck ist und dem anderen was wegfrisst
und allen Krill für sich haben will?"
„Dann", sagt Hoppala, „dann werde *ich* dem kecken Küken
eine Geschichte erzählen: Wie sein Papa mich damals durchgefüttert hat,
wie sonst die Skuas gekommen wären,
und es keine Mama gäbe und keine Eier …"
„ … und kein keckes Küken!", sagt der kleine Pinguin.
Und denkt: Wie klug meine Hoppala ist!
Aber das sagt er nicht laut,
sonst bildet sie sich noch etwas darauf ein.